Die Märchen der vier Winde

Die Märchen der vier Winde

Erzählt von Ludvik Askenazy

Mit farbigen Bildern von Jutta Bauer

Die Sirenenforelle

Estrela aus dem grünen Haus

Die schwarzen Engel

Der Weißwurst-König

BELTZ
& Gelberg

Ludvik Askenazy, 1921–1986, wurde in Schlesien geboren. Er studierte Philologie und lebte als Schriftsteller, Filmautor und Journalist in Prag, ab 1968 in der Schweiz. Seine Kinderbücher, seine Fernseh- und Hörspiele sowie seine Drehbücher sind in viele Sprachen übersetzt und wurden mit internationalen Preisen ausgezeichnet. Für sein Buch *Wo die Füchse Blockflöte spielen* bekam er den Deutschen Jugendbuchpreis 1977.

Jutta Bauer, geboren 1955 in Hamburg, studierte an der Fachhochschule für Gestaltung in Hamburg. Sie veröffentlichte Buchillustrationen und Comics in der Zeitschrift »Brigitte« und Bilderbücher. Für das Programm Beltz & Gelberg illustrierte sie mehrere Kinderbücher.

Die *Märchen der vier Winde* sind 1985 einzeln als Taschenbücher bei Otto Maier, Ravensburg, erschienen. Sie wurden für diese Ausgabe neu durchgesehen; die Bilder wurden neu reproduziert. Alle Märchen wurden im Kindermagazin *Der Bunte Hund* vorabgedruckt.

Einband von Jutta Bauer
Gesamtherstellung Druckhaus Beltz, 6944 Hemsbach
Printed in Germany
ISBN 3 407 80069 X

1.

Die Sirenenforelle

Ein Märchen
aus der Normandie

Heute erzähle ich euch ein Märchen aus der Normandie

N
ENGLAND
Der Kanal
Amiens
Le Havre
Rouen
Caen
NORMANDIE
Paris
Seine
Rennes
Orléans
Loire
FRANKREICH
Atlantik
S

Die normannischen Omas erzählen keine Märchen, ohne einen Schluck Cidre zu trinken. Und Cidre ist ein schäumender Apfelwein mit etwas Bernsteinlicht und Seeperlenschimmer.
Wenn eine normannische Oma einen Schluck Cidre nimmt, dann rufen die Kinder: »Ein Märchen kommt.«
Darum tragen die gescheitesten Kinder der Normandie – und fast alle normannischen Kinder sind gescheit – eine kleine Flasche Cidre bei sich und locken so die cidresüchtigen Omas in ihre Nähe.
»Oma, möchtest du einen Schluck Cidre?« fragen die Kinder.
»Und was möchtet ihr?« fragt die Oma.
Aber selbstverständlich weiß sie es. Sie fragt nur, ob es ein Märchen über den König im fliegenden Schloß sein soll oder über das

versunkene Meeresgold. Oder über des Seekönigs unglückliche Liebe. Und da sagen die normannischen Kinder dies oder das. Und darauf nehmen die Omas einen kräftigen Schluck.

Sanft rauscht das Meer am frühen Morgen, wenn die Fischer unten am Strand sind. Sie zünden ihre Pfeifen an und schauen zu den rötlichen Morgenwölkchen auf.

Und da sagen die alten, erfahrenen Fischer,

wenn sie so nach oben schauen: »Ich sehe heute ein Makrelenwölkchen. Ein guter Tag für Makrelen.«
Oder: »Ich sehe eine lange Heringswolke. Heute gibt's Heringe.«
Es gibt auch Sardinenwölkchen, Delphinwolken, Krabbendunst und manchmal rosa Thunfischstreifen. Und schwarz-silbern schimmernde Aalwolkenbänke.
Einmal sagte der junge Fischer Claude: »Liebe Freunde, ich sehe eine Sirenenwolke. Wie lieblich sie segelt mit ihrem smaragdenen Leuchten und ihren roten Tupfern.«
Er begann seinen Fischkutter vorzubereiten, wie er es immer tat.
»Du, Claude«, sagten die alten, erfahrenen Fischer, »wenn du die Sirenenwolke siehst – wir sehen sie nämlich nicht –, dann raten wir dir: Fahr heute lieber nicht raus.«
Aber Claude machte immer, was er wollte. Das ist manchmal gut und manchmal nicht.

MARIE

So warf er den Motor seines Kutters an. Und fuhr auf die See hinaus.
Lange hatte er kein Glück, so daß er schon zurückkehren wollte. Auch weil sich andere schwarze Wolken sammelten.
Auf einmal hörte er ein ganz dünnes, silbernes Stimmchen rufen: »Du, Claude, junger Fischer, fisch mich. Du wirst es nicht bereuen.«
»Bist du denn der sprechende Aal?« fragte Claude. »Gibt's dich denn wirklich?«
»Ich bin nicht der sprechende Aal«, sagte das niedliche Stimmchen. »Ich bin die singende Sirenenforelle.«
»Gibt's so was?« fragte Claude. »Wo bist du denn? Sag's, und ich fisch dich schon heraus. Sing mir was vor, damit ich weiß, an welcher Stelle ich mein Netz auswerfen soll.«
Die Sirenenforelle sang eine Arie aus der Wasseroper.
»Also gut, komm in mein Netz, Sängerin«,

sagte Claude. »Ich will dich endlich sehen.« Und auf einmal sprang etwas in seinem Netz umher, und ein dünnes Stimmchen sagte: »Zieh mich raus, lieber Fischer. Und schau mich gut an. Du wirst dich ein bißchen wundern.«

Was er in seinem Netz fand, übertraf all seine Erwartungen. Es war ein kleines Fischmädchen, eine sogenannte Sirene. Claude wußte, daß es Sirenen gibt, aber er hatte noch nie eine gesehen.
Bald wurde aus seiner Verwunderung ein wirkliches Entzücken. Das Fischmädchen war unglaublich schön und ganz, ganz winzig. Es war so groß wie eine Sardine und hatte einen dunkelgold schillernden Schwanz. Kopf und Oberkörper waren wie von einer kleinen Puppe.
»Wie heißt du denn?« fragte Claude.
Und dann sah er, daß es eine Badehaube auf

dem Kopf trug, die mit Edelsteinen und Perlen bestickt war.
Claude nahm das Fischmädchen vorsichtig in die Hand und stellte fest, daß das Meer unter seinem Kutter besonders stark leuchtete.
»Wo kommst du her?« fragte Claude. »Vom Meeresgrund? Gibt's denn da unten wirklich das geheime Seekönigreich, von dem mein Vater erzählt hat? Kommst du vom Meeresgrund? Von dem Königreich? Wie sieht es

dort denn aus? Gibt es da versunkene Schätze? Und kann ich deine Haube haben?«
»Ja, wozu brauchst du die denn?« fragte die kleine Sirene verwundert.
»Zum Andenken«, sagte Claude. Aber er dachte selbstverständlich an die Edelsteine und Perlen.
»Jetzt muß ich ein bißchen weinen«, sagte die kleine Sirene, »aber ich weiß nicht warum.« Und sie weinte leise in einen kleinen Fingerhut.
»Ich meine«, sagte Claude, »du sollst mir deine Haube hierlassen und dir da unten eine neue holen. Eine ebenso schöne. Und morgen treffen wir uns wieder an derselben Stelle. Es wäre auch prima, wenn du dir ein Diamantenkleidchen besorgen könntest und vielleicht eine kleine Krone. Und aus einem versunkenen Schiff ein paar goldene Dukaten. Liegen da unten viele versunkene Schiffe?«

»Ich kenne dich schon lange«, sagte die kleine Sirene. »Ich bin viel älter als du. Ich bin tausend Jahre alt. Ich kann klein sein und auch groß werden, ich kann groß sein und klein werden. Ich kenne dich schon lange. Du gefällst mir ein bißchen.«
»Warum sehnst du dich nach Menschen?« fragte Claude. »Ich glaube, ihr habt es da unten doch besser. Oder nicht? Ist der Seekönig dein Vater?«
»Alles kann ich nicht sagen«, sagte die Sirenenforelle. »Ich glaube, in mir ist wohl zuviel Menschenblut. Darum möchte ich immer tun, was ich nicht tun sollte. Du bist doch auch so. Ich kenne dich lange.«
»Du, ich muß zurück«, sagte Claude. »Laß mir dein Häubchen und komm morgen wieder. Du könntest doch jeden Tag was Neues mitbringen. Ich verkaufe es und werde langsam reich. Dann kaufen wir uns ein Schloß am Meer. Heiraten kann ich dich natürlich

nicht, weil du zu klein bist. Aber du kannst bei uns in der Normandie in die Schule gehen. Ich kaufe dir alle Schulbücher, eine Schultasche; Hefte kauf ich dir und Schreibzeug. Und am ersten Schultag eine rosa Schultüte mit herrlichen Sachen.«
»Das wäre schön«, sagte die kleine Sirenenforelle und schickte Claude einen salzigen Luftkuß. »Kaufst du mir dann wirklich eine Schultasche, wenn ich mit dir gehe?« fragte sie noch.
»Ja, ja, sicher«, sagte Claude. »Aber ich muß zuerst reich werden. Du mußt viele Male hinuntertauchen und reiche Schätze bringen, weil Schultaschen sehr teuer sind.«
»Gut«, sagte die kleine Sirenenforelle, »wir sehen uns morgen wieder.«
Dann kam eine buntgefleckte Seeschlange, und die Sirene setzte sich auf ihren Rücken und verschwand mit ihr in der Tiefe.

Claude verkaufte noch am selben Tag die Edelsteine und Perlen der Sirenenhaube und bekam auf einmal so viel Geld, daß er nicht mehr arbeiten mußte. Die schönsten Steine ließ er in seiner Hütte, und sie leuchteten die ganze Nacht so stark, daß er dabei lesen konnte.

Er kaufte sich viele Bücher über Sirenen, Seejungfrauen, Wasserfeen und Forellenmädchen. Er suchte die Geheimformel für den Umgang mit Wasserfrauen. Doch in keinem Buch konnte er sie finden. Nur in einem stand ein altes Rezept: »Sirenenschwanz abschuppen, Schuppen mit Petersilie und Ingwer abkochen, in Honigsud mit Meeressalz beizen und fünf Nächte stehenlassen. Dann den Sirenenschwanz in den Sud eintauchen, bis er sich teilt und zu zwei Beinen entwikkelt. Gleich Schuhe besorgen und mit der Sirene tanzen.«

»Das ist mir ein bißchen zu viel Arbeit«, sagte sich Claude. »Und was soll ich mit einer so kleinen Sirene? Aber ich muß mich noch ein paarmal mit ihr treffen. Und wenn ich genug gescheffelt habe, setze ich mich ab nach Paris. So einfach ist das.«

Am nächsten Tag traf sich Claude wieder mit der Sirenenforelle an derselben Stelle. Sie tauchte in einer riesigen Silbermuschel auf. Zwölf Seepferdchen zogen sie wie eine Kutsche.

Die Sirenenforelle hatte eine kleine Diamantenkrone auf dem Kopf, und in der Muschel lagen drei Dukatenröllchen.

»Hallo, Claude«, sagte die Sirenenforelle, »ich hab für dich noch eine Überraschung. Du kannst dich in die Muschel setzen, und die Pferdchen ziehen uns zu einer Stelle, wo die Sonne untergeht. Da können wir zusammen baden.«

»Ich habe heute wenig Zeit«, sagte Claude. »Aber es wäre schön, wenn du mir die Krone und die Dukaten gibst. Du weißt schon, warum.«
»Ja, ich weiß«, sagte die Sirenenforelle, »damit wir die Schultasche kaufen können.«
Sie weinte aber ein bißchen, weil sie sich schon so sehr gefreut hatte, daß sie miteinander im Sonnenuntergangsmeer baden würden.
Dann pfiff sie leise, und es kam ein kleines Orchester aus Saxophonhechten, Helikonmakrelen und Klarinettenfischen und spielte für sie und Claude eine Blasmusik.
»Das hab ich mir für dich ausgedacht«, sagte die kleine Sirenenforelle.

Am nächsten Tag eilte Claude wieder zu seinem Juwelier. Er bekam so viel Geld für seine Steine, daß er wirklich steinreich wurde.

Er kaufte sich ein eigenes Flugzeug und sagte sich: »Ich kaufe mir auch ein Unterseeboot. Da werd ich ganz unabhängig. Ich bin dann auf keine Forellensirenen oder Sirenenforellen mehr angewiesen und werde selbständiger Unternehmer. Dann hol ich mir meine Schätze selbst.«

Claude kaufte sich ein kleines Unterseeboot und eine herrliche Kapitänsmütze.

In der nächsten Nacht, es war eine Mondnacht, und das Meer leuchtete silbrig, fuhr Claude zu der vereinbarten Stelle. Die Sirenenforelle tauchte aus einer bunten Woge auf, in einer solchen Farbenpracht, daß Claudes Augen ganz geblendet waren.
»Du«, sagte sie, »ich freue mich so, dich wiederzusehen. Ich war so ungeduldig.«
»Was bringst du denn heute?« fragte Claude. »Du hast keine Schmuckmütze, keine Dia-

mantenkrone. Was bringst du denn für deine Schultasche?«
»Heute bringe ich eine kleine Muschel«, sagte die Sirenenforelle. »Wenn du sie ans Ohr hältst, hörst du alle Stimmen des Meeres. Edelsteine kann jeder haben, aber diese Muschel nur du. Nimm sie, Claude, und höre hinein.«
Claude nahm die Muschel und lauschte.
»Wenn du die Muschel umdrehst«, sagte die Sirenenforelle, »kommt ein Sturm.«

Claude drehte die Muschel um, und ein wilder Sturm erhob sich. Die Wellen waren wie aufgepeitscht, Blitze zuckten durch die Wolken, und Claude meinte für einen Moment, sein Boot ginge unter. Schnell drehte er die Muschel um und hörte wieder das milde Rauschen der Wellen. Er atmete auf und hörte das silberne Lachen der kleinen Sirenenforelle.

»Du«, sagte sie, »ich habe die Zaubermuschel meinem Vater weggenommen. Und du kannst sie haben.«

»Ich hab dir doch gesagt, was ich brauche«, sagte Claude. »Ich brauche Gold, Diamanten und Perlen. Warum bringst du nicht, was ich dir sage?«
»Ich wollte dir etwas Neues bringen«, sagte die Sirenenforelle. »Und ich habe lange nachgedacht, was dir Freude machen könnte. Für die Schultasche hast du doch schon genug, nicht wahr?«
»Ich habe überhaupt genug von dir«, sagte Claude auf einmal. »Ich brauche dich nicht mehr! Und überhaupt wird so ein kleines Mädchen mit einem Schwanz und Flossen gar nicht in eine Schule aufgenommen. Wie willst du eigentlich in einer Schulbank sitzen?«
»Gib mir meine Muschel«, sagte die kleine Sirenenforelle leise und traurig. »Ich werde sie meinem Vater zurückgeben, bevor er aufwacht. Und gib mir auch meine Mütze zurück und meine Krone und die Dukaten.«

»Dafür habe ich doch deine Schultasche gekauft«, sagte Claude. »Die ist aber für dich zu groß. So eine kleine, wie du sie brauchst, gibt es gar nicht. Für unsere Welt bist du zu klein und zu dumm.«
Auf einmal tauchte eine Schar silberner Fische auf, die ein silbernes Netz mit sich trugen. Die kleine Sirenenforelle sprang, ohne adieu zu sagen, in das Netz, und der ganze Schwarm verschwand silberglänzend in den Wellen.
Die Muschel blieb in Claudes Hand. Fast hätte er sie schon weggeworfen, aber er sagte sich: »Die Muschel tönt jetzt so schön. Ich höre ihr noch ein bißchen zu, bevor ich sie wegwerfe.«
Claude hielt sie sich fest ans Ohr und lauschte.
Doch plötzlich spürte er, wie die Muschel sich mit aller Kraft von selbst umdrehte. Und auf einmal hob ein fürchterlicher Sturm an.

Eine riesige, schwarze Wolke mit Blitz und Donner raste über den Himmel.

Von diesem Sturm erzählten die normannischen Fischer noch viele Jahre. Sie nannten ihn den Sirenensturm.

Von Claude hat niemand mehr etwas gehört. Sein Flugzeug und sein Unterseeboot übernahm die Kriegsmarine.

Was mit der Schultasche passiert ist, weiß niemand. Ich glaube, er hat sie niemals gekauft.
So war es. Und wenn jemand von euch einmal eine Sirenenforelle trifft – ganz unmöglich ist das nicht –, dann versprecht nur, was ihr auch halten könnt.
Aber auch das kann gefährlich werden.

2.

Estrela aus dem grünen Haus

Ein Märchen
aus Portugal

Heute erzähle ich euch ein Märchen aus Portugal

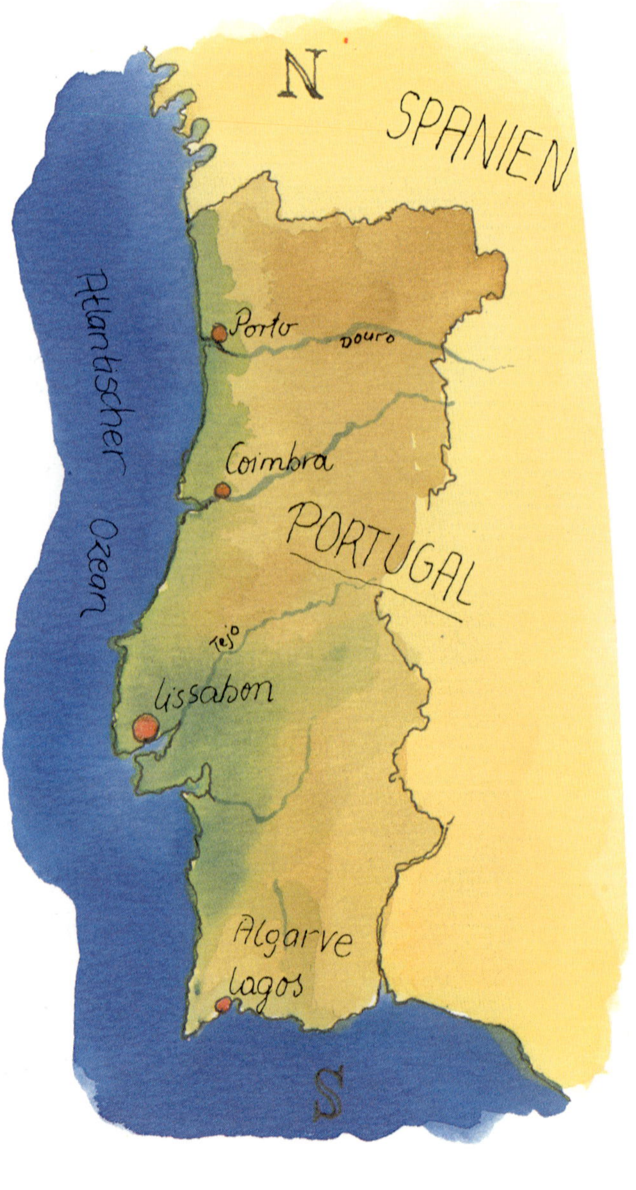
N
SPANIEN
Atlantischer Ozean
Porto
Douro
Coimbra
PORTUGAL
Tejo
Lissabon
Algarve
Lagos
S

Die portugiesischen Omas zünden beim Märchenerzählen immer eine Kerze an. Eine weiße, wenn das Märchen gut endet, eine schwarze, wenn es böse endet.
Also bitte, jetzt zünden wir eine weiße Kerze an, eine nicht zu dicke und nicht zu dünne. Und du, rotschimmerndes Kerzenlicht, bleib uns lange erhalten, damit die Kinder nicht zu kurz kommen.

Es waren einmal ein Mann und eine Frau, ganz gewöhnliche Eheleute. Und die hatten auch zwei ganz gewöhnliche Kinder, eine Tochter und einen Sohn. Das Mädchen hieß Maria Luiza und der Junge Mario Luiz.
Nun geschah es aber, daß die Mutter eines Tages nicht aufwachen wollte. Alle versuchten sie zu wecken, und sie riefen: »Mutter, steh auf, es ist doch Dienstag.«

Aber sie blieb liegen, und schon am Freitag standen alle, der Vater und die beiden Kinder, an ihrem Grab und weinten bittere Tränen.

Eine junge Frau in der Nähe, unter einem Orangenbaum, beobachtete die Familie und lächelte dabei so, als wüßte sie mehr als die anderen.

Sie war eine Hexe. In portugiesischen Märchen kommen fast immer Hexen vor.

Die Frau unter dem Orangenbaum sah sich besonders die Maria Luiza an. Und sie dachte heimlich: Diese veilchenblauen Augen, das sind doch Hexenaugen. Dieses Mädchen sollte in der hohen magischen Kunst ausgebildet werden.
Sie näherte sich dem Mädchen und sagte: »Du, ich heiße Estrela. Und wie heißt du?«
»Ich heiße Maria Luiza«, sagte das Mädchen. »Und das ist Mario Luiz, mein Bruder.«
»Kommt doch morgen zu mir«, sagte Estrela. »Ich wohne in dem grünen Haus am Berg. Und ich mache euch gute, gebackene Sardinen und Granatäpfel mit Honig, oder was ihr wollt. Ich koch so gerne. Und ich hab niemanden, der das alles ißt.«
»Können wir auch unseren Vater mitbrin-

gen?« fragten die Kinder. »Der ißt so gerne. Und am liebsten gebackene Sardinen.«
»Natürlich«, sagte Estrela, die Hexe, »für traurige Väter koche ich am allerliebsten.«
Der Vater ging gerne mit, obwohl er noch sehr, sehr traurig war.
Er weinte dann in die Fischsuppe, nicht nur in seine eigene, sondern auch in die drei anderen, und so wurden die Suppen ziemlich salzig. Alle bekamen großen Durst und tranken Wein. Und Estrela sagte: »Eure Mutter war lieb und schön. Wir werden sie nie vergessen.«
Das gefiel allen, und von dieser Zeit an kamen sie jeden Dienstag und Freitag zum Essen und Trinken.

Nach einigen Monaten sagten die Kinder: »Vater, die Estrela ist so lieb. Sie hat Maria Luiza einen Ring geschenkt und Mario Luiz einen silbernen Dolch. Können wir nicht zu

Estrela ins grüne Haus am Berg ziehen?«
»Also, sie gefällt euch?« fragte der Vater.
»Ja, ja, ja«, sagten die Kinder, »sie ist schön und klug. Und sie hat ein gutes Herz. Sie kocht ein ausgezeichnetes Kaninchenragout. Das ist doch dein Lieblingsgericht.«
»Das mit dem Kaninchenragout stimmt«, sagte der Vater. »Und das Haus ist viel größer als unseres.«

Eines Tages schaute der Vater Estrela tief in die Augen, obwohl das Trauerjahr noch nicht ganz um war, und sagte: »Meine Kinder lieben dich, Estrela. Vielleicht ziehen wir doch zusammen und heiraten am Ostersonntag?«
»Wenn du es so eilig hast«, sagte Estrela, »können wir schon am Gründonnerstag heiraten, diesen Tag mag ich besonders gern, weil, wie du weißt, auch mein Haus grün ist und meine Augen.«

Dann ging alles ziemlich schnell.
Auf der Hochzeit wurde gespielt und getanzt.
Am nächsten Tag zogen die drei zu Estrela um. Und am folgenden Dienstag ... da ... aber ...

Nun, wenn man schon einmal begonnen hat, muß man weitererzählen.

Am nächsten Dienstag morgen berührte Estrela den schlafenden Vater mit einem Zauberstab, der die ganze Zeit in der Schublade gelegen hatte. Und im gleichen Augenblick verwandelte er sich in eine flache Holzstatue. Sie brachte sie auf den Dachboden und lachte herzlich darüber.

Abends schlich sie zu Mario Luiz ins Zimmer, weckte ihn und fragte: »Was träumst du denn am liebsten?«
»Am liebsten bin ich im Traum ein Hund«, sagte er. »Weil die Hunde so lustig und treu sind.«

»Wie du willst«, sagte Estrela und verwandelte Mario Luiz in einen gewöhnlichen Köter. Dann trieb sie ihn aus dem Haus. Und Mario Luiz bellte und winselte und heulte zum Mond, als dieser gerade hinter den Wolken hervorkam.

Am nächsten Morgen suchte Maria Luiza ihren Vater und ihren Bruder. Und als sie sie nicht fand, fragte sie Estrela: »Du, Estrela, wo sind mein Vater und mein Bruder?«
Da lächelte Estrela geheimnisvoll. »Du kennst doch die Männer«, sagte sie. »Sie stehen am frühen Morgen auf, gehen in den Wald, um einen Hasen zu schießen, und kommen nicht mehr zurück. Man wünscht sich sogar manchmal, daß sie nicht mehr zurückkommen. Sonst müßte man wieder eine Hasenkeule machen und noch zuschauen, wie sie sie auffressen.«
»Aber unsere kommen doch zurück?« fragte Maria Luiza.
»Ich sehe, du weißt tatsächlich nichts über Männer, mein Liebling«, sagte Estrela. »Aber im Grunde mußt du auch nichts darüber wissen, wenn wir keine haben. Jetzt kannst du endlich von mir was lernen. Wir hören auf mit der ewigen Kocherei und auch

mit dem Hosenflicken. Es wird uns gutgehen.«

Maria Luiza wartete und wartete. Tage, Wochen, Monate. Die beiden Männer blieben wirklich verschwunden. Nur ein nicht besonders auffallender Köter kam öfter, wenn Estrela nicht zu Hause war, und schaute Maria Luiza von weitem an. Manchmal heulte er in einer Mondnacht. Manchmal schon am frühen Nachmittag.

Estrela verjagte ihn immer, warf Steine nach ihm und sagte zu Maria Luiza: »Liebling, jetzt zeige ich dir etwas Besonderes. Ich zeige dir nämlich, wie man aus einem Hund eine Maus macht. Und das ist noch der einfachste Hexenzauber, weißt du. Wir brauchen nur ein bißchen Schöllkrautsaft mit Eidechsenzunge zu mischen. Dazu nehmen wir ein paar Fischschuppen und etwas Diamantenstaub

von siebenmal geschliffenen Diamanten und dann ... Ja, warte, ich muß in meinem Urahnen-Hexenbuch nachsehen, was da noch fehlt.«

Maria Luiza nutzte die Zeit. Sie lief zum Gartentor und flüsterte dem Hund zu: »Du, verschwinde. Sie will dich in eine Maus verwandeln. Du kommst mir irgendwie bekannt vor.«
Da sagte der Hund mit menschlicher Stimme: »Oh, Maria Luiza, ich bin dein Bruder Mario Luiz. Komm um Mitternacht zum Brunnen, ich muß mit dir sprechen.«

»Ja, jetzt erkenn ich dich«, sagte Maria Luiza und streichelte ihn. »Die Schnauze kam mir so bekannt vor. Aber jetzt verschwinde schnell, ich höre Schritte. Und hier ein Leberwürstchen für dich.«
»Dank dir, gute Schwester«, sagte der Hundebruder mit tränenerstickter Stimme. Er wedelte noch lange mit dem Schwanz.

»Der ist ja schon weg, der Köter«, sagte Estrela. »Aber er wird wiederkommen, und dann machen wir aus ihm zuerst eine Maus, aus der Maus eine Laus und aus der Laus einen Hexenschmaus. Das schmeckt unglaublich gut, wenn man frischen grünen Pfeffer dazu nimmt.«
Maria Luiza schaute sie lange an und sagte: »Ich hol Wasser, und du kannst inzwischen in deinem Hexenbuch nachlesen. Es ist doch besser, die Dinge genau zu wissen.«
»Ja, ja, Liebling, du hast schon recht, wie

immer«, sagte Estrela und ging ins grüne Haus.

Die Nacht war wunderschön. Eine richtige Hexennacht. Der Vollmond zeigte sich hinter dem grünen Haus, unglaublich leuchtend.

Und Estrela sagte: »Heute ist Vollmond, da fliegen wir zur Hexenversammlung. Ich putz inzwischen meinen Besen, und dann lehr ich dich fliegen. Das Besenfliegen ist sehr aufregend und die Gesellschaft dort wirklich vornehm. Hol schnell Wasser und komm gleich zurück, ich mache mich inzwischen schön. Bei so einer Versammlung ist es nämlich sehr wichtig, gut auszusehen.«

Maria Luiza lief zum Brunnen. Der Hund wartete dort schon. »Schwesterchen«, sagte er, »auf dem Dachboden liegt eine ziemlich flache Holzfigur, das ist unser Vater. Den müssen wir unbedingt mitnehmen, wenn wir fliehen wollen.«

»Heute ist die große Hexenversammlung«, sagte Maria Luiza, »und Estrela will mir das Besenfliegen beibringen. Ich glaube, es wäre sehr gut, wenn ich es lerne. Ich kann dich dann mitnehmen und unseren Vater auch.«
»Bitte, paß auf dich auf«, sagte der Bruder, »und trinke vor allem nichts, wenn dir die Hexe etwas anbietet. Man kann nie wissen, was da alles drin ist. Sei auf der Hut.«
Maria Luiza schöpfte einen Eimer voll Wasser und lief zurück ins grüne Haus.
»Wo warst du so lange?« fragte Estrela.
»Der Brunnen ist so tief«, sagte Maria Luiza, »und der Mond hat sich im Wasser so schön gespiegelt, daß ich die Augen nicht davon lassen konnte.«
Estrela sah sie lange an und sagte dann: »Trink jetzt ein bißchen von unserem Zaubertrank. Damit du besser fliegen kannst.«
Und dann lernte Maria Luiza das Besenflie-

gen, das Aufspringen, das Wegfliegen und das Landen. Dabei hatte sie gar nicht von dem Zaubertrank getrunken.

»Du bist ein wirklich begabtes Mädchen und eine gute Besenfliegerin«, sagte Estrela. »Ach, die Mondnacht, dieses Licht und das Aufsteigen im Wind. Und jetzt machen wir

ein Schläfchen, damit wir ausgeruht sind und die ganze Nacht tanzen können.«
Beide legten sich hin.
Estrela, die den Zaubertrank getrunken hatte, schlief gleich ein.
Maria Luiza schlich inzwischen auf Zehenspitzen auf den Dachboden und holte die Holzfigur. Sie versuchte mit ihr zu reden, aber die Figur blieb stumm. Dann holte sie

den Hexenbesen und lief zum Brunnen. Dort wartete schon der Hundebruder.
»Meinst du, daß du dich auf dem Besen halten kannst?« fragte Maria Luiza.
»Flieg du mit dem Vater«, sagte der Hund Mario Luiz, »und bitte nicht zu schnell. Ich laufe hinterher.«
Maria Luiza schwang sich auf den Besen und flog nach Süden. Das Fliegen war wirklich ein Erlebnis. Sie versuchte, den Vater wieder anzusprechen, aber sie erhielt keine Antwort.
»Es ist doch besser, ich habe einen Vater aus Holz als gar keinen«, sagte sie. »Und ich glaube, ich werde schon das richtige Zauberwort finden, um ihn zu befreien.«
Sie hatte nämlich das Hexenbuch mitgenommen.

Inzwischen war Estrela aufgewacht. Zweimal rief sie nach Maria Luiza, dann schaute

sie nach dem Hexenbuch. Dann wurde sie bleich wie Schnee und lief auf den Dachboden. Die Holzfigur war weg. Sie begriff alles. Sie wurde noch blasser und dann sogar etwas violett.
Dann suchte sie noch einmal das ganze Haus nach dem Hexenbuch ab und wurde immer violetter.
Sie sprang auf den Besen und flog wie der Blitz zur großen Hexenversammlung.
»Ich hol mir Hilfe«, sagte sie sich. »Ich schaff es nicht allein. So ein Verrat, so ein Verrat! Schade, schade, und heute bin ich so schön. Was fällt diesem Mädchen überhaupt ein! Und ich selbst habe ihr das Besenfliegen beigebracht. Ich bin die dümmste Hexe, die rumfliegt.«
Von oben sah sie die große Versammlung und landete direkt auf dem Hexenflugplatz an den drei Pinien.
Die Feier war schon in vollem Gang. Die

Hexen tanzten durcheinander, miteinander und gegeneinander. Die Ziegenböcke tranken aus großen Lederbeuteln süßen portugiesischen Wein. Die Feuer brannten groß und hell.

»Schwestern«, rief Estrela, »ein Verrat! Der muß bestraft werden. Hexenschwestern, Hexennichten, Hexentanten, ich rufe euch auf.«

Aber im allgemeinen Durcheinander hörte sie niemand.

Maria Luiza flog nicht sehr schnell, weil sie hinter sich keine Verfolger entdeckte.

Manchmal flog sie ziemlich tief, um die Verbindung mit dem Hund zu halten. Erst als die Sonne aufging, landete sie an einem der leeren Strände der Algarve. Sie setzte sich in einen Strandkorb und wartete auf ihren Bruder.
Der hatte die Landung beobachtet und kam keuchend, aber fröhlich angelaufen.
»Also, das ist gelungen«, sagte er. »Schau bitte erst im Hexenbuch nach, zuerst unter H wie Holzfigur, ich kann warten. Und dann wieder unter H, wie Hund.«

Es war ein Glück, daß Maria Luiza das Buch mitgenommen hatte. Auf einer vergilbten Seite fand sie die Zauberformeln.
Doch die darf man auf keinen Fall verraten, sonst könnte ja jeder aus seinem Vater eine Holzfigur oder aus seinem Bruder einen Hund machen.

Es war schön am leeren Strand der Algarve. Vater und Bruder waren wieder Menschen. Und Maria Luiza kochte für alle eine Muschelsuppe aus schwarzen Königsmuscheln. Vater und Sohn sagten immer wieder: »Also, daß es auf dieser Welt noch Hexen gibt, wer hätte das geahnt. Heb das Hexenbuch gut auf – für alle Fälle. Man weiß nie, was noch alles kommen kann.«

3.

Die schwarzen Engel

Ein Märchen
aus Virginia

Heute erzähle
ich euch ein
Märchen aus
Virginia

KANADA
New York
Pittsburgh
Washington
Ohio
USA
VIRGINIA
Richmond
Memphis
Mississippi
Atlantischer Ozean
FLORIDA
New Orleans
Golf von Mexiko
N
KUBA

Die schönsten Märchen in Virginia erzählen die schwarzen Omas.

Sie sagen sanft: »Laßt auch weiße Kinder kommen.«

Es kommen schwarze und es kommen weiße. Das Licht wird ausgeschaltet, der Fernseher auch. Die Regentropfen klopfen an die Fensterscheiben, und die Kinder sagen: »Bitte das Märchen vom fliegenden Sklaven.« Oder: »Bitte das Märchen vom goldenen Mais.« Oder: »Bitte das Märchen vom verzauberten Indianer.« Oder: »Das Märchen von der langen Reise.«

Manchmal sagen die Omas: »Jedes Kind bekommt einen Stimmzettel.«

Und die Kinder stimmen dann ab.

Das letzte Mal haben sie das Märchen vom fliegenden Sklaven gewählt. Und das will ich euch heute erzählen.

Vor langen Zeiten schufteten auf den Plantagen im Süden Amerikas schwarze Sklaven. Sie wurden gekauft und verkauft, gehandelt,

versteigert, zugeschrieben und abgeschrieben. Man hat sie wie eine Ware verschoben und verschachert. Und jeder, der genug Dol-

lars hatte, konnte sich einen oder mehrere Sklaven kaufen. Sie gehörten einem dann wie ein Pferd, eine Kuh oder eine Ente.
Die Schwarzen wurden in Afrika in den Dörfern wie die wilden Tiere eingefangen. Und kamen dann mit einem Schiff nach Amerika. Viele überlebten die Reise nicht. Die, die sie überlebten, wurden dann auf einem Sklavenmarkt gehandelt.
Der Käufer sah sich den Sklaven immer genau an. Er befühlte seine Muskeln, schaute sich seine Hände an und seine Brust. Ob er trotzige Augen hatte oder einen frechen Gesichtsausdruck. Die Sklaven wurden gewogen, gemessen und fachmännisch abgetastet. Wer den besten Preis bezahlte, bekam den Sklaven und brachte ihn, gefesselt wie ein Tier, zu seinen Plantagen.
Manche weißen Herren waren besonders grausam. Sie ließen ihre Sklaven bis zur Erschöpfung schuften. Krankheit war für sie

nur Sklavenlist, Umfallen eine Frechheit, der Tod eine Gemeinheit.
»Ich habe dich gekauft«, sagten die weißen

Herren. »Ich habe mein gutes Geld für dich bezahlt! Du gehörst mir, und du mußt dein Letztes geben. Arbeite oder krepier, aber

denke nur nicht, daß es dir etwas nützt, wenn du umfällst. Ich werde dich schon lehren, daß man mit Faulheit, Schlauheit und Gerissenheit in Amerika nicht durchkommt.«
Die Sklaven haben diese fremde Sprache manchmal verstanden, manchmal nicht. Sie hörten zu, schauten mit großen Augen und sagten sich: »Wie komme ich wieder in mein Dorf?«

Eines Tages kam ein junger schwarzer Sklave namens Abu Aka auf eine Plantage in Virginia. Das war sein Pech.
Aber eigentlich war er schon immer ein bißchen auch ein Glückspilz gewesen. Er sang angenehm, pfiff hervorragend und war beliebt bei Menschen und Tieren, besonders bei Zebras.
Eines Tages wurde er von Sklavenhändlern gefangen und in Ketten auf ein Schiff gebracht. Er starb fast vor Hunger und Durst.

Im Traum sah er seinen verstorbenen Großvater. Der Großvater sagte zu ihm: »Wenn du wirklich einmal müde wirst, hole ich dich zu mir.«
Er flog in diesem Traum mit seinem Großvater über den Wolken der untergehenden Sonne entgegen. Und der Großvater sagte: »Jeder Mensch kann fliegen. Er muß nur seine Stunde abwarten können.«
Es war ein schöner Traum, ein milder und ein wirklich unvergeßlicher Traum.
Der junge Abu Aka erinnerte sich immer wieder an den Traum. Und er sagte: »Diesen Traum möchte ich wieder träumen. Am liebsten möchte ich ihn aber erleben.«
Er glaubte, daß man alles erleben kann, was man geträumt hat. Und vielleicht ist es auch so.

Eines Tages arbeitete Abu Aka auf dem Feld und neben ihm eine junge Sklavin, die vor zwei Tagen ein Baby auf die Welt gebracht hatte. Das Baby lag bei ihr im Feld, und die junge Frau sagte zu ihm: »Schau dir die Wolken an, meine Kleine. Vielleicht siehst du ein rotes Wölkchen. Das kommt aus Afrika.«
Die junge Mutter war noch sehr erschöpft. Nach einer Geburt dürfte eine Frau nicht arbeiten, weil sie noch zu schwach ist. Aber die Sklavenherren dachten nur an ihren Gewinn. Sie trieben die junge Mutter aus ihrem Stall und sagten: »Du bekommst hier dein Essen, also mußt du dafür arbeiten.«
Die junge Frau war sehr schwach, klein und zart. Sie schlief in der Sonne ein.
»Steh auf, du faule Kuh«, rief der Aufseher und schwang seine Peitsche.
Abu Aka sagte in seiner afrikanischen Sprache: »Laß die Frau! Sie kann doch noch nicht arbeiten!«

Niemand verstand seine Sprache. Und englisch konnte Abu Aka damals nur zwei Wörter, und die waren: »Yes, Sir.«
»Warum schaust du mich so an«, sagte der Aufseher. »Willst du mir was antun?«
Und Abu Aka sagte, weil er englisch nichts anderes sagen konnte: »Yes, Sir.«
Das empfand der Aufseher als ungeheure Frechheit, und um dem Abu Aka ein für allemal die Meuterei aus dem Kopf zu schlagen, peitschte er ihn so aus, daß Abu Aka am nächsten Tag nicht richtig stehen, aber auch nicht liegen und nicht sitzen konnte.
Abu Aka sagte zu der jungen Frau mit dem Baby: »Ich kann nicht sitzen, nicht stehen, und liegen kann ich auch nicht. Was soll ich tun?«
»Dann mußt du fliegen«, sagte die junge Frau. »Und ich fliege mit dir. Und das Baby auch.«
»Fliegen kann ich aber nicht«, sagte Abu

Aka. »Weißt du vielleicht, wie man in die Luft kommt?«
»Ich kenne ein altes Wort«, sagte die junge Frau, »und das muß man 77mal sagen. Man muß auch so lange in die Höhe springen und mit den Armen schwingen, bis man in die Luft kommt. Da oben ist es schon viel leichter. Da schwimmst du durch die Luft wie durchs Wasser, und der Wind hilft dir. Man muß selbstverständlich beim Wind gut angeschrieben sein. Bist du beim Wind beliebt?«
»Das weiß ich nicht«, sagte Abu Aka. »Aber ein kleiner, angenehmer Wind war mir schon immer willkommen.«
Da lächelte das Baby, und ein kleiner Windstoß kam auf.
»Ach, was für ein angenehmer Wind«, sagte die junge Mutter.
Sie warteten ab, bis der Aufseher in seiner Bude verschwand, um seine Maissuppe zu

essen, und probierten dann, den Wind anzusprechen.
»Wir wollen weg von hier«, sagte Abu Aka.
»Kannst du uns mitnehmen?«
Der Wind antwortete nicht, weil ein Wind kein richtiger Gesprächspartner für Menschen ist. Aber man muß sagen, er hörte zu. Er schüttelte eine Baumkrone mit weißen Blüten und ließ die Blüten wie einen Sommerschnee auf das Baby fallen.
»Ach, mein Baby wird von Blüten bedeckt«, rief die Mutter.
Und Abu Aka sagte: »Der Wind gibt uns ein gutes Zeichen.«
»Verstehst du die Windsprache?« fragte die junge Frau.
Abu Aka nickte mit dem Kopf, und das Baby lächelte wieder.
»Mein Baby lächelt«, sagte die junge Frau.
Sie freute sich sehr darüber.
»Wir müssen wegfliegen, bevor der Aufse-

her kommt«, sagte Abu Aka. »Und der bleibt nicht mehr lange in seiner Hütte. Kannst du mir nicht das alte Flugwort zuflüstern?«
Die junge Mutter flüsterte ihm das Wort zu. Schade, daß es niemand gehört hat. Dann könnte man es immer weiter- und weitersagen. Und jeder, der es weiß, könnte in der

Not, aber auch aus reiner Lust einfach davonfliegen. Auch ich hätte es euch gerne verraten. Aber ich kenne nur die Geschichte und nicht das geheime Wort.
Alles ging in großer Eile vor sich. 77mal sagten sie das Wort, dabei sprangen sie 77mal in die Höhe und schwangen mit den Armen so lange, bis sie aufstiegen.

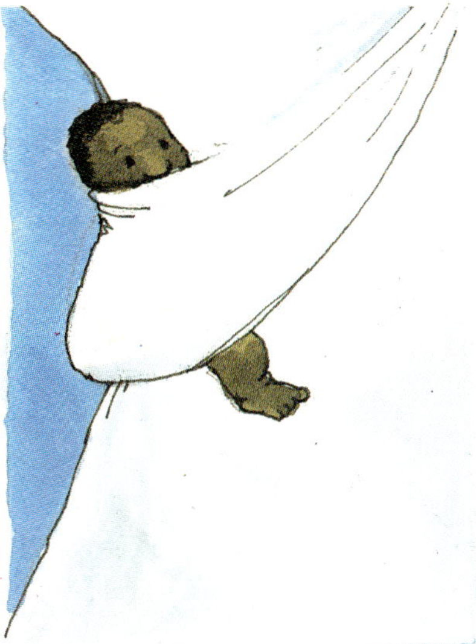

Der Aufseher kam aus seiner Hütte, satt, zufrieden und gut aufgelegt. Er schaute zum Himmel, um das Wetter zu prüfen. Und was sah er? Zwei schwarze Sklaven flogen mir nichts, dir nichts herum, beide in weißen Hemden wie Gottes Engel. Er wollte seinen

Augen nicht trauen, aber weil sie noch nicht sehr hoch waren und noch ein paar guten Freunden zuwinkten, gab es keinen Zweifel. »He«, rief der Aufseher, »he, ihr zwei da oben. Herunter mit euch! Sonst bekommt ihr es mit der Peitsche zu tun.«

Aber die beiden waren schon sehr hoch. Und sie sagten: »Du kannst uns mal.«
Alle schwarzen Sklaven hörten zu arbeiten auf.
Sie starrten in den Himmel hinauf und sagten: »Hallelujah, hallelujah.«
Und der Wind trug die junge Frau und Abu Aka höher und höher. Sie hielt ihr Baby fest und sagte: »Das Baby lächelt und lächelt. Schon komisch, so ein lächelndes Baby.«
»Ich bin dir sehr dankbar, daß du mir das Flugwort verraten hast«, sagte Abu Aka zu der jungen Frau. »Es ist auch für dich besser, wenn du mit deinem Baby nicht allein fliegen mußt. Wer ist denn sein Vater?«
»Der ist tot«, sagte die junge Mutter.
Das war sehr traurig.
»Ich werde dich heiraten«, sagte Abu Aka. »Und ich heirate dich noch in der Luft, wenn du es wünschst.«
»Warum eigentlich nicht«, sagte die junge

Frau. »Du gefällst mir. Und es fliegt sich so gut mit dir.«
»Wo finden wir einen fliegenden Priester?« fragte Abu Aka.
»Wir werden eine schöne Kirche anfliegen«, sagte die junge Frau. »Und wir wecken einen Priester und lassen alle Glocken läuten. Weiße Gewänder haben wir, und auf einen Brautschleier kann ich verzichten.«
»Ich will aber, daß du auch einen Schleier trägst«, sagte Abu Aka.
Sie flogen so lange, bis sie eine einsame Kirche in der Prärie entdeckten.
»Kennst du auch das geheime Wort zum Landen?« fragte Abu Aka.
»Ich glaube, es gibt kein solches Wort«, sagte die junge Frau. »Wir müssen nur langsamer und langsamer fliegen, bis wir beim Kirchturm landen können. Wir lassen dann alle Glocken erklingen, dann wird der Pfarrer aufwachen.«

»Der wird sich wundern«, sagte Abu Aka. »Ich weiß nicht«, sagte die junge Frau. »Auf jeden Fall will ich heiraten. Ich werde doch nicht in einem weißen Hemd mit einem unbekannten Mann in ganz Amerika herumfliegen.«
»Du hast schon recht«, sagte Abu Aka. »Darum brauchen wir ja auch eine Kirche.«

Sie landeten beim Glockenstuhl, und Abu Aka sagte: »Ich werde die Glocken läuten, damit wir auch ein paar Leute zur Hochzeit herkriegen. Ich meine, wir sollten eine schöne Hochzeit haben mit Glocken und Weihrauch.«
»Ja, das will ich auch«, sagte die junge Frau. »Und das Baby muß ein neues Hemdchen bekommen. Ich möchte es herausputzen.«
»Ja«, sagte Abu Aka. »Und jetzt wecken wir den Pfarrer.«

Der Pfarrer war sehr überrascht, als er von zwei schwarzen Engeln in weißem Hemd geweckt wurde. Er sagte sich: »Der liebe Gott schickt mir zwei Engel.«
»Wir wollen heiraten«, sagte die junge Frau, die etwas englisch sprach. »Hochwürden, zündet die Kerzen an und laßt die Orgel spielen.«
»Kommt ihr direkt vom Himmel?« fragte der Pfarrer.
Und Abu Aka, der, wie wir wissen, nur zwei Wörter englisch konnte, sagte: »Yes, Sir.«

Hochwürden freute sich über so vornehmen Besuch und erzählte dann jahrelang in der Sonntagsschule, wie er zwei schwarze Engel getraut hatte.

Später wurde er sogar zum Bischof ernannt und heiliggesprochen.

Die Hochzeit war schön. Die Glocken läuteten feierlich, die Orgel spielte stimmungsvoll, und die Gläubigen wunderten sich, daß der liebe Gott auch schwarze Engel hat, und das gerade in Amerika.

Von dem Tag an hieß das Städtchen in der Prärie *Angel City* und wurde zu einem berühmten Wallfahrtsort. Auch der Pfarrer war wie alle in der Gemeinde ganz entzückt, als sich nach der Hochzeitszeremonie die beiden schwarzen Engel mit dem Kind wieder in die Lüfte erhoben. Und einer von ihnen rief mit tiefer Stimme: »Hallelujah.«

»Das war wirklich gelungen«, sagte die junge Frau in der Luft. »Jetzt fühle ich mich auch ganz wohl. Es war kein besonderes Gefühl,

mit einem unbekannten, halbnackten Mann herumzufliegen.«
»Wir sollten etwas essen«, sagte Abu Aka. »Man muß aber in Amerika alles mit Geld bezahlen, und das haben wir nicht.«
»Engel zahlen nicht«, sagte die junge Frau. Und sie landeten vor einem Wirtshaus. Sie bestellten zwei Riesensteaks und zwei Flaschen Bier und feierten ihre Hochzeit bis zum frühen Morgen. Als sie schließlich wegfliegen wollten, sagte die junge Frau auf einmal: »O Schreck, ich habe das Flugwort vergessen.«
»Du mußt dich erinnern«, sagte Abu Aka, »sonst sind wir verloren.«
»Ach«, sagte die junge Frau, »wir sind so weit geflogen, daß uns niemand mehr finden wird. Und Arbeit gibt's überall.«
»Das Fliegen ist doch viel schöner«, sagte Abu Aka. »Denk nach, vielleicht erinnerst du dich an das Wort.«

Aber das Wort war wie weggeblasen.
Vielleicht wird es aber doch noch einmal jemand erfahren. Ich hätte es auch gerne gewußt. Es wäre schön, wenn viele nebeneinanderherfliegen und sich dabei »Guten Tag!« oder »Servus!« zurufen könnten.

4.

Der Weißwurst-König

Ein Märchen
aus Persien

Heute erzähle ich euch ein Märchen aus Persien

N
TÜRKEI
Kaspisches
Meer
SOWJETUNION
IRAK
Kurdistan
Teheran
Isfahan
PERSIEN
(Iran)
Persepolis
Persischer Golf
Belutschistan
SAUDI-
ARABIEN
Golf v. Oman

Ich sehe, es wird heute nicht leicht zu erzählen. Weil es ein Märchen aus Persien ist und noch dazu über den berühmten Zauberlehrling Resa Schahresa.
Vielleicht will er gar nicht, daß man seine Geschichte erzählt.
Aber warum sollte er es nicht wollen? Ich glaube, wir fangen jetzt einfach an.

Es lebte einmal ein persischer Kaiser, der hieß ... der hieß ...
Das weiß schon niemand mehr.
Er hatte wie jeder persische Kaiser einen Ersten Minister, einen Schatzmeister, einen Wesir, einen Gaukler und einen Hofzauberer.
Der Hofzauberer war sehr, sehr alt und hieß ganz einfach Mago oder auch Meister von Ebbe und Flut. Aber selbstverständlich hatte

er auch noch andere Namen. Er war immer schläfrig und etwas versponnen, und er zauberte schon ungern. Und das aus zweierlei Gründen:

Erstens hatte er vom Zaubern die Nase voll und mußte bei jedem Zauber niesen. Und zweitens hatte er schon manches vergessen und zauberte deshalb etwas zerstreut.

So hatte er einmal der persischen Kaiserin einen Bart angezaubert. Aber dann wußte er nicht mehr, wie er ihn wieder wegzaubern sollte. Die Kaiserin mußte einige Zeit mit dem Bart herumlaufen, bis sich der Meister von Ebbe und Flut wieder an das Zauberwort erinnern konnte.
In der Zwischenzeit war der Bart der Kaiserin aber schon ganz grau geworden, und alle Enkel nannten sie Opa. Eines Tages sagte sie zum persischen Kaiser: »Mein lieber Kaiser,

bemerken Eure Majestät denn nicht, daß der alte Zauberer Mago ganz gefährliche Fehler macht? Seht Euch doch nur diesen widerlichen Bart an.«

Und der Kaiser sagte: »Ich weiß nicht, liebe Gemahlin, was Ihr gegen einen Damenbart habt. Ihr solltet ihn mit Stolz tragen. Außerdem steht er Euch.«

Aber die Kaiserin jammerte so lange, bis der Kaiser den alten Mago rufen ließ und zu ihm sagte: »Alter Witzbold, zaubere der Kaiserin den Bart wieder weg.«

»Majestät«, sagte der Zauberer Mago, »ich hätte es schon längst getan. Ich habe aber leider das entsprechende Zauberwort vergessen. Ich vergesse immer mehr und mehr Zauberworte. Was tun, Eure Majestät, was tun?«

»Nimm dir gleich einen Zauberlehrling und pauk mit ihm Tag und Nacht«, sagte der Kaiser. »Ich kann es mir nicht leisten, daß mein Hof ohne Zauberernachwuchs dasteht. Es gibt doch so viele begabte Kinder in unserem Lande.«

Abends saß der alte Mago in seiner alten Zauberstube auf seinem Zauberstuhl. Sein einziger Diener war ein alter Rabe, der auch sein Assistent war. Eine Eule war seine Köchin. Mit ihren großen Augen beleuchtete sie die Wohnung. Selbstverständlich lebte da auch ein schwarzer Kater. Ein ganz eigensinniger und etwas merkwürdiger Bursche

rumänischer Herkunft, der Demonesku hieß.

»Demonesku«, sagte der alte Meister, »ich muß mir einen Lehrling nehmen, das ist unvermeidlich. Bitte, mein Freund, setz dich. Wir schreiben eine Anzeige.«

Und dann schrieben sie:

Es wird gesucht fürs Zaubergewerbe ein Lehrling.

Nicht zu klug – nicht zu dumm
nicht zu laut – nicht zu stumm
nicht zu groß – nicht zu klein
nicht zu grob – nicht zu fein
nicht zu mies – nicht zu schön
mal verschwunden – mal zu sehn
nicht zu hart – und nicht zu weich
etwas arm – und doch ganz reich

Gute Unterkunft, angenehme Haustiere. Beste Verpflegung wird

hergezaubert, Essensraritäten
aus aller Welt und schäumende
Limonaden. Angemessene Freizeit.
Tüchtige Kinder melden sich um
Mitternacht bei Meister Mago im
Haus bei der alten Glaskugel.

Dreimal klopfen!

Der Rabe machte sich gleich auf in die Lüfte, um die Anzeige unter die Leute zu bringen.

Ja, da gab es nun eine große Verwirrung im Lande.
Fast jeder zweite Junge wollte ein Zauberlehrling werden und manches Mädchen auch. Und alle sagten: »Ich will's probieren.«
Aber die Erwachsenen wollten das nicht. Und sie sagten: »Zauberer? Das ist doch kein Beruf.«

Aber Resa Schahresa hatte keine Mutter und keinen Vater mehr. Er lebte in einem kleinen Dorf ganz allein in einer Lehmhütte und war so manches gewöhnt. Er war fast immer hungrig. Was für ihn das Verlockendste an der Anzeige war, war der Satz:
Beste Verpflegung wird hergezaubert.

»Ich werde doch nicht nur für mich zaubern«, sagte sich Resa Schahresa. »Es gibt so viele hungrige Menschen in den Dörfern ringsherum. Was mich außerdem noch lockt, das sind die angenehmen Haustiere. Was kann man sich mehr wünschen?«
Und er machte sich auf den Weg in die Stadt.

Er wartete Mitternacht ab. Dann klopfte er dreimal an die Tür im Haus bei der alten Glaskugel.
Die Tür öffnete sich, und Resa Schahresa sagte mit zitternder Stimme: »Hier bin ich. Ich komme vom Lande. Bin nicht zu jung und nicht zu alt. Zu klug bin ich auch nicht, auch nicht zu dumm. Und schön bin ich ebenfalls nicht, aber auch nicht mies.«
»Du bist ein ganz schöner Junge«, sagte Meister Mago. »Ich sehe zwar schlecht, aber dein Kopf gefällt mir.«
»Ich möchte gern die Haustiere sehen«, sagte Resa Schahresa. »Sprechen die?«
»Sie sind gut ansprechbar«, sagte der alte Mago, »und es sind liebe Genossen. Eine Eule, ein Rabe und ein sehr intelligenter Kater.«
»Ich möchte gleich mit dem Zaubern beginnen«, sagte Resa Schahresa. »Schon heute.«

»Wenn du so ungeduldig bist«, sagte Meister Mago, »kannst du in unserem Gewerbe nichts anfangen.«
»Könntet Ihr mir wenigstens etwas vorzaubern?« fragte Resa. »Zum Beispiel was Eßbares?«
»Ach so, Hunger hast du«, sagte der alte Mago. »Kennst du Weißwürste? Das ist ein exotisches Essen aus einem fernen Land.«
Und er zauberte aus einem Holzklotz einen schönen Tisch, auf dem verlockend Weißwürste dampften. Um den Teller tanzten drei kleine Männchen mit Lederhosen, Janker und Federhut einen Schuhplattler.

Resa Schahresa war entzückt. Die Weißwürste schmeckten ihm ungeheuer. Der alte Zauberer mußte immer neue herbeizaubern. Auch dem Kater Demonesku schmeckten sie über alles.
»Dieses merkwürdige Essen gefällt mir«,

sagte der Kater. »Und der Junge gefällt mir auch.«
Die Eule und der Rabe nickten zustimmend.
»Lieber Meister«, sagte Resa, »haben sich schon viele Schüler gemeldet?«
»Bis jetzt bist du der einzige«, sagte der alte

Zauberer Mago. »Wir warten noch bis morgen um Mitternacht. Du kannst es dir noch überlegen. Unser Gewerbe ist schön, aber gefährlich. Und auch nicht allen zugänglich. Warum willst du denn Zauberer werden?«

»Mir gefällt das«, sagte Resa. »Und ich werde ein guter Zauberer, der auch für die Armen zaubert. Damit sie manchmal was Gutes erleben oder was Schönes. Und für Kinder will ich zaubern und für arme Hunde und so.«

»Hier wird aber ein Zauberer für den Kaiserhof ausgebildet«, sagte der alte Mago. »Doch gut, lege dich schlafen. Der Morgen ist meist weiser als der Abend.«

Resa konnte lange nicht einschlafen. Das Bett war hart und die Nacht so dunkel. Er fand eine Kerze, zündete sie an und schaute sich einen der großen Folianten an, die auf dem Ofengesims lagen. Er konnte ein bißchen lesen, aber die Buchstaben in diesem

Buch waren ganz anders als die, die er kannte. Manche Seiten summten ein bißchen. Manche flüsterten. Die anderen raschelten, knisterten und funkelten. Auf einer Seite ergab sich fast ein kleines Gewitter mit einem blauen Kugelblitz.
Die ganze Nacht verbrachte Resa mit diesem Buch. Aber er verstand kein Wort. Als er draußen den ersten Silberstreifen des kommenden Tages bemerkte, weckte er den alten Meister und sagte: »Meister, es ist schon Tag. Und ich will mit dem Lernen beginnen.«
»Aber Junge«, sagte der alte Zauberer, »was soll das. Laß mich doch schlafen. Es ist noch nicht Tag. Und du bist noch kein Lehrling.«
Aber Resa gab keine Ruhe. Der alte Meister brummte ungehalten etwas, und Resa spürte auf einmal, daß er sich in eine Holzfigur verwandelte. Er sah sich sogar im Spiegel,

konnte sich aber natürlich nicht bewegen und auch nicht sprechen.
Der Rabe setzte sich auf seinen Kopf und krächzte ihm leise ins Ohr: »Meister Mago nicht wecken.«
Erst nach zwei Stunden wachte der alte Mago wieder auf, machte aus Resa wieder Resa und sagte: »Na, wie war's?«

»Es ging schon«, sagte Resa, »ich freue mich auf jeden Zauber. Auch wenn ich ihn auf meiner eigenen Haut verspüre. Es war wie im Traum.«
»Traum ist Wirklichkeit, und Wirklichkeit ist Traum«, sagte der Alte und zauberte ein Frühstück: Bauernbrot und Butter, einen Krug Quellwasser, Honig, Marmelade, für

den Raben ein bißchen Tiroler Speck, für die Eule ein Fledermaus-Gulasch und für den Kater Demonesku zwei kleine Wiener Mäuseschnitzel.
»Ach, so ein gutes Frühstück«, sagten alle, »und so ein schöner Tag.« Und sie freuten sich, weil sie wußten, daß Resa aufgenommen war.
»Ich glaube, wir lassen dich hier«, sagte der alte Mago. »Es hat sich ja auch sonst niemand gemeldet. Du wirst bei uns wohnen, schlafen und essen. Und langsam lernen.«
»Ich möchte aber schnell lernen«, sagte Resa, »ich kann nicht lange warten.«
»Ja«, sagte Mago, »das erste Jahr wirst du unser Zaubergeschirr putzen, das zweite Jahr lernst du die Bücher lesen. Und im dritten Jahr bringe ich dir etwas für deine ersten Schritte bei. Im vierten Jahr lehre ich dich das Fliegen. Im fünften unsichtbar werden. Im sechsten unhörbar husten. Und im sieb-

ten Jahr bekommst du den Zauberstock und wirst Zaubergeselle. Vorausgesetzt, es geht alles gut.«
»Ist das nicht viel zu lange?« fragte Resa. Aber er bekam keine Antwort. Da machte er sich an die Arbeit.

Er bürstete das Fell des Katers Demonesku so lange, bis es funkte. Dann die verschiedenen Röhrchen, Schüsselchen und Retorten. Doch dann sagte er sich: »So lange halte ich das nicht aus. Sieben Jahre lernen und dann für den Kaiser zaubern. Nein. Ich werde mit dem Raben sprechen. Der schaut mich wie ein richtiger Freund an.«
Und der Rabe zwinkerte ihm zu, als könne er Gedanken lesen.
»Kannst du denn Gedanken lesen?« fragte Resa den Raben.
»Zufällig ja«, krächzte der Rabe.
»Kannst du mir helfen?« fragte Resa.

»Was möchtest du denn wirklich?« fragte der Rabe. »Denk nur daran. Ich werde es schon verstehen. Du mußt nichts sagen.«
Und Resa dachte an die Weißwürste von gestern und sagte sich: »Eine Zauberart genügt mir. Wenn ich diese Weißwürste herzaubern könnte, ein bißchen Brot, ein bißchen Wasser, da könnte ich für die Leute etwas tun. Und die kleinen tanzenden Männchen dabei wären nicht übel. Damit die Leute essen und dabei etwas lachen können. Das ist es, was ihnen fehlt. Sie essen zuwenig. Und sie lachen zuwenig.«
»Ich weiß schon, was du denkst«, sagte der Rabe. »Laß mich nur in das Buch schauen. Ich flüstere dir das Wort dann ins Ohr. Und ich schreibe es dir auch auf einen Zettel, damit du es nie vergißt. Es ist ein ganz einfacher Zauber.«
Leider können wir die Zauberworte nicht verraten. Denn was der Rabe dem Resa

Schahresa einflüsterte und auf den Zettel schrieb, das weiß nur Resa. Der wollte gerne noch schnell etwas anderes dazulernen und wollte sogar mit dem Kater Demonesku darüber sprechen, aber dann sagte er sich: »Was ich weiß, weiß ich. Und eigentlich reicht mir das.«

Als Dank gab er dem Raben den Ring seiner Mutter. Und schloß mit ihm Freundschaft für immer.

Und als der alte Mago aus dem Schloß zurückkam, war sein Zauberlehrling verschwunden. Nur ein Brief lag auf dem Tisch, und darin stand:

Lieber Meister, meine Ungeduld ist zu groß. Ich hätte Sie jeden Tag geweckt. Und die Strafe wäre immer schlimmer geworden. Auch möchte ich nicht für den persischen Kaiser zaubern. Ich zaubere für die Armen. Grüßen Sie die Haustiere schön. Vielleicht komme ich einmal wieder.

Aber der alte Meister hörte nie wieder von ihm.

In den persischen Dörfern erzählte man sich aber von einem jungen Mann, der abends kommt und morgens geht. Und wohin er kommt, gibt es unglaublich gute Weißwürste auf den Tischen der Armen. Und sie können so lange essen, bis sie satt sind. Drei kleine

Männchen in Lederhosen, Janker und Federhut tanzen auf dem Tisch einen Schuhplattler. Und da müssen die Leute wirklich beim Weißwurstessen lachen. Das ist angenehm und sehr gesund.

Übrigens: Niemand weiß, wie der Junge heißt. Aber man nennt ihn den Herrn Ißlachundtanz.